CONFIDENCES

Du même auteur

1,2,3 la vie : De la jeunesse à la vieillesse
Pensées du soir : Bonsoir

Gellé Jean-Baptiste

CONFIDENCES

A ma femme et à mes filles Emma et Pauline.

« *Des mots rayonnants, des mots de lumière, avec un rythme et une musique, voilà ce qu'est la poésie* »
<u>Théophile Gautier</u>

Artiste, Critique, écrivain, Journaliste, Poète, Romancier (1811 - 1872)

- *UN BOUT DE CHEMIN AVEC TOI* 12
- 13
- *L'AME ENFANTINE* 14
- *FAIRE AU MIEUX* 15
- *AVEC VOUS* 16
- *DOUX PARFUMS* 18
- *PARDONNEZ-MOI* 20
- *MOMENTS GRAVES* 21
- *ÊTRE ENFANT* 23
- *LE CŒUR* 24
- *L'OR AUX MILLES COULEURS* 26
- *LAMPE MAGIQUE* 27
- *RAISON OU TORT* 28
- *L'AMOUR NE SE COMPTE PAS* 29
- *MON PETIT BISCUIT* 30
- *ÊTRE PARENTS* 32
- *MERVEILLES* 34
- *CROIRE* 36
- *PETER PAN 2* 37
- *PRENOMS* 38
- *CARROUSEL* 41
- *PARDONNE-MOI* 42
- *IMPOSSIBLE* 43
- *TOUT BEAU TOUT ROSE* 44
- *AU FIL DES SAISONS* 46

MERCI	48
COURBES PARFAITES	49
BELLE ROMANCE	51
L'AMOUR C'EST QUOI	54
DANS LA NUIT	55
HYMNE A L'AMOUR	56
FAMILLE	59
HEUREUSE RENCONTRE	60
AVANT TOUT	62
VIVANT	64
RIEN AU MONDE	65
SERRER TA MAIN	66
TOUTES CES QUESTIONS	67
DITES-MOI	68
INSOMNIE	69
SOUVENIR D'ETE	70
DIMANCHE	74
NOSTALGIE	76
PARLER A VOUS-MEME	77
LA PLUME, L'ENCRE ET LE PAPIER	78
LE TEMPS	80
HISTOIRE DE MOTS ET DE MAUX	81
SERMENT	83
LA VIE EN TABLEAUX	84
NON-DITS	86
REVE D'ENFANT	87

Un bout de chemin avec toi

Un bout de chemin avec toi
Serrant dans ma main, tes p'tits doigts.
Avançant dans ces champs,
Écoutant ces gazouillements,

Allongé dans cette pâture
Je sens l'air frais de la nature ;
Je vous regarde jouer au loin,
Je retrouve cet esprit enfantin.

Un bout de chemin avec toi,
En serrant dans ma main, tes p'tits doigts.
On avance, sans penser à la direction,

Sans boussole, sans carte dans cette forêt.
On avance sans pression,
Et fier, de ces souvenirs à vos côtés.

L'âme enfantine

L'âme enfantine,
Ne nous quitte jamais
Toujours présente.
Elle dort lorsque l'on grandit,
Et d'un coup se réveille sans un bruit !
Elle qui,
Nous faits retourner en enfance pendant un temps
Elle qui fait sourire.
Une fois ce moment de folie passé,
La vie adulte
Reprend dans sa normalité.
L'âme enfantine ne nous quitte jamais !
Elle sommeille en nous.
Il est important parfois de la réveiller
Car la vie adulte c'est bien,
Mais l'innocence de l'enfant
Et tout aussi bien,
Et difficile adulte,
De s'en rappeler.

Faire au mieux

Ce n'est pas facile tous les jours
Mais j'essaie de faire au mieux
Je crains de mal faire
Peur de ne pas en faire assez
Je ne sais pas
Ce que vous pensez
Si vous êtes tristes
Ou bien Joyeuses.

Mais sachez que je serais toujours là
Vous aurez toujours une épaule pour vous reposer
En vrai je ne sais pas comment faire
Pour vous plaire !
Pour que les choses
Soient de bons souvenirs.
Je ne sais pas, si je m'en sors,
Mais sachez, que j'essaie
De toujours faire au mieux !

Avec vous

Passer du temps avec vous
C'est tout ce que je veux

Passer des heures pour vous regarder
Et comprendre le sens du mot "AIMER"

Vos petites têtes me font sourire
Être avec vous ça me fait plaisir

Vivre avec vous vos premières émotions
Et vous aider à gérer sans pression

Être là dans vos réussites
Toujours fière de vous mes petites

Être là dans les échecs
Apprendre à vous relever face à ces défaites

Passer du temps avec vous
C'est tout ce que je veux

Un jour nous reparlerons de ces moments passés
Nous rirons et pleurerons mais heureux de pouvoir s'en rappeler.

Doux parfums

Doux parfum de la jeunesse
Qui réveillent ces souvenirs d'avant,
Aux senteurs douces et aux goûts sucrés
Qui me rappelle l'innocence que j'avais

Je veux vous partager ces souvenirs
À vous, qui commençaient seulement à grandir
Pour que vous puissiez aussi goûter à ce gâteau
En le mangeant en petits morceau

Vous aussi pourrez un jour
Vous souvenirs de ces jours
Aux doux parfums sucrés et parfois salés
Qu'à votre tour, vous pourrez partager

Souvenirs

Souvenirs du Présent
Souvenirs de l'instant,
De ces moments à immortaliser
Que l'on ne peut oublier.

Nous revoir s'amuser
Dans le temps du passé,
Où parfois il nous arrivait de rire et pleurer
Que de bons souvenirs à vos côtés.

Souvenirs ou visions du futur
Dans lesquelles rien n'est sûr,
Mais tous ces moments on les capture
Pour un jour regarder ces jolies peintures.

Pardonnez-moi

Pardonnez-moi
Oui s'il vous plaît ne m'en voulait pas
Je débute dans ce rôle
Que je voulais tant avoir
Je commence dans ce milieu
De la parentalité
Excusez-moi si je fais mal les choses
Car j'apprends
Et ne sais pas
Si un jour j'arriverai
À répondre à vos attentes

Moments gravés

Il y a des jours des moments et des instants
Que l'on souhaite figer
Afin de toujours de s'en rappeler.
Le cerveau, a en effet
La capacité de se remémorer,
Se souvenir de tout
Et de rien.
Ce souvenir de ces jours
Heureux et malheureux
Qui font partie du passé.
Oui il n'oublie jamais
Il se souvient.
J'aimerais tant
Me souvenir de vous enfant
Ne pas simplement avoir cette image
Mais plutôt reprofiter de ces instants
En les revivant,
Avant que vous ne deveniez grands !
Le temps passe si vite
Et je m'arroches à ces souvenirs
Qui font sourire.
Je m'accroche à ces souvenirs
Afin que ces moments soient gravés
Dans mon cerveau comme sur de la roche,
À tout jamais.

Peter Pan

Comme cet enfant
Je veux profiter
Comme cet enfant
Je veux voler et voyager
Grandir c'est pour les grands
Moi, je veux rester là
M'amuser sans me soucier du temps
Je veux être comme Peter Pan
Un enfant qui ne veut pas devenir grand.

Être enfant

Tu vagabondes, tu chantes et tu souris
Sans te soucier de la vie.
Tu marches, avances et sautilles
Mais tu n'es encore qu'un petit.

Toi mon enfant qui vit
Sans avoir de but précis.
Tu ne veux pas rester assis
Et profites de ces instants que t'offre la vie.

Un jour toi aussi tu seras un grand enfant
Tu repenseras à ces souvenirs d'antan,
Et tu te diras avec le temps
Que c'était mieux d'être un enfant.

Tu leur diras qu'être adulte c'est gênant
Car tu n'as plus le temps.
De faire tout ce que tu faisais enfant
Bien avant d'être grand.

Le cœur

Je pensais que le cœur
Était trop petit,
Pour pouvoir autant aimer.
Mais quelle idée !
Il y a toujours de la place
Et jamais trop d'invités.
La famille, les amis,
Les enfants et ma femme que je chérie tant.
Soyez rassuré
Ô vous y serez bien logé !
Je pensais que le cœur était trop petit
Mais en vrai,
Il ne le sera jamais.
C'est un récipient magique
Qui peut contenir sans limite,
Mais prenez garde,
Car trop joué avec,
Vous ferez perdre la tête.
Le plus beau sentiment,
C'est d'aimer
Et le pire,
Celui de haïr.
Je pensais que le cœur était trop petit
Finalement je me suis trompé.

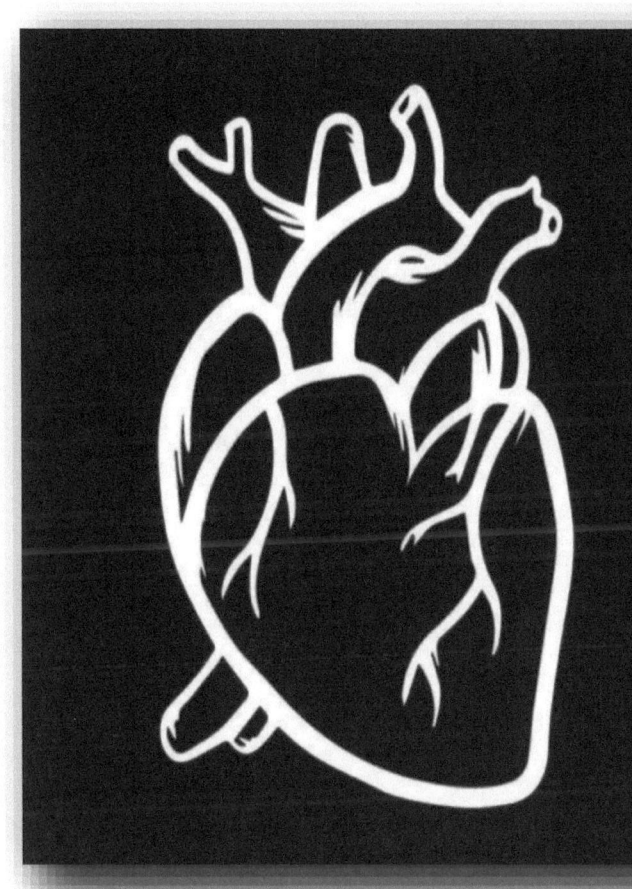

L'or aux milles couleurs

Je vois en te regardant
Une pierre qui brille
Un diamant qui scintille
Un rubis à côté d'un saphir
Une jolie peinture que l'on admire
Une douce mélodie
Une douce sucrerie
Une jolie perle d'or
Je suis en admiration devant ce joli décor
Je vois en te regardant
Toutes ces choses
Tu es cet or aux mille couleurs
Qui fait vibrer mon cœur

Lampe magique

Je ne suis pas une lampe magique
Pas de génie qui s'invite
Pas besoin de frotter
Tu n'as juste qu'à me demander
Et peut-être que ton souhait sera exaucé

Raison ou tort

Ai-je tort
Ou ai-je raison ?
Je ne sais pas.
Les choses que je fais
Je les fais pour vous.
Pour que vous puissiez
Avoir des bases solides.
Je ne sais pas,
Si la plupart des infos
Seront utiles.
Oui je ne sais pas
Si je fais les choses correctement,
Alors, j'ai toujours ce questionnement.
Ai-je tort
Ou ai-je raison ?
Un jour peut-être nous le saurons.

L'amour ne se compte pas

L'amour ne se compte pas
Même pas du bout des doigts
C'est un sentiment si puissant
Qu'il en devient parfois oppressant.

L'on peut compter les personnes que nous aimons
Également celles que nous détestons
Mais sa puissance ne se compte pas
Alors n'essayons même pas.

À trop vouloir aimer ou détester
Nous pouvons nous blesser
La haine n'est pas belle
Surtout quand les relations peuvent être saines.

L'amour non ne se compte pas
Détester ou aimer nous avons le choix
Mais ne cherchons pas à comprendre
Car l'amour bien souvent est tendre.

Mon petit biscuit

Tu es mon petit biscuit,
Celui que l'on a fabriqué,
Celui qui au début se faisait discret,
Tu es mon petit biscuit,
Qui commençait à pousser
Pendant que le four préchauffer.
Pas de levure dans cette recette,
Ni de mélange tout bête,
Juste une touche d'amour a suffi,
Pour te créer,
Notre petit biscuit,
Parfois, on pouvait t'observer
Afin de te vérifier que tout soit ok.
Tu es mon petit biscuit,
Celui qui se fait désirer,
Et qui nous attire par son odeur.
Une fois l'alerte sonné,
J'étais déjà prêt,
Avec les autres cuisiniers
Nous t'avons accueilli,
Toi mon petit biscuit.
Aucun risque de me brûler,
Car j'avais devant moi
Mon petit bébé
Ou comme j'aime t'appeler :
 Mon petit biscuit.
Tu étais si petit et si tendre,
Que ta mère et moi voulions te croquer,
Dès que nous t'avons vu,
Nous avons alors su,
Que ce goût si sucré que tu avais,
Serait toujours à nos côtés.
Quand je te vois,
Je revois ces moments,

Toi mon petit biscuit qui grandit
Si vite et si lentement.
Nous profiterons de ton odeur
Et de ta douce chaleur
Pour que tu n'oublies pas
Que tu es notre Petit biscuit.

Être parents

Être parents, c'est quoi ?

C'est s'inquiéter tout le temps.

De vouloir savoir comment tu vas, si tu te sens bien ou pas bien, si tu as trop chaud ou trop froid.

C'est aussi se faire des frayeurs, éloigner toutes les peurs, surtout le soir en vérifiant sous le lit.

C'est aussi partagé des moments de joies, être présent dans les réussites et aussi être présent dans les moments tristes, te montrer que chaque épreuve peut être surmontés.

C'est apprendre à se relever face aux échecs, apprendre de ses défaites pour qu'ensuite par un tour de magie, tu sois fière de ta réussite.

Être parents, c'est aussi de toujours essayer de faire au mieux, même si parfois ce n'est pas toujours facile.

J'aimerais moi, savoir ce que tu penses de moi, j'aimerais savoir si tu penses que je fais bien les choses.

Car moi je t'avoue je ne sais pas. Être parents, finalement c'est quoi ?

C'est s'inquiéter pour toutes ces choses, de ne pas savoir si je fais bien les choses. Comme chaque parent, je pense, on essaie de faire au mieux, car comme vous j'apprends.

Vous à grandir avec des parents et nous avec des enfants.

Merveilles

Il y a les jardins suspendus de Babylone
Il y a la pyramide de Khéops
La statue de Zeus à Olympie,
Ainsi que le temple d'Artémis.
Il y a également le tombeau de Mausolée à Halicarnasse
Et le colosse de Rhodes
Sans oublier, le phare d'Alexandrie
Ce sont les 7 merveilles antiques
Mais je souhaiterais en rajouter,
À cette liste citée
Il manque celle que l'on pourrait positionner en premier.
Il s'agit de la famille.
Peut-être pas aussi charismatique,
Mais même les plus sceptiques,
Diront qu'elle est magique.

Peur

Ce n'est pas parce que je suis grand
Que je n'ai pas peur
Je suis tout comme toi un enfant
Qui essaie de te rassurer
Même si au fond, j'ai ce sentiment qui m'effraie.
Oui, j'ai peur
Peur de ne plus pouvoir vous voir
Peur de ne plus pouvoir vous entendre
Peur de ne plus pouvoir vous toucher
Peur de ne plus pouvoir vous parler.
Alors, si avec vous je fais le fou
Si avec, je fais le bête
Si ensemble on se blesse
Car parce que je veux profiter
De ces moments qui me sont données.

Croire

Il faut continuer de croire
De rêver ou d'espérer,
Car il y a encore des mystères
Qui doivent être élucidé...
Il y a encore de belles choses à découvrir,
Alors oui, ne perdons pas espoir
Et prenons la vie du bon côté.
Sur chaque chemin se trouve la lumière
Qui nous éclaire.
Pour certains c'est la famille, les amis
Ou parfois leur chien, leur chat
Qui les guide pour tenir
Et voir cette éclaircie.
Pour éviter que cet espoir disparaisse
Continuons de croire,
De rêver ou d'espérer

Peter Pan 2

Comme cet enfant,
Je ne voulais pas grandir
Comme cet enfant
Je voulais m'amuser
Comme cet enfant
Je m'imaginais combattre à l'épée
Comme cet enfant
Je voulais aimer
Mais contrairement à lui
Je suis devenu grand
Mais jamais je ne cesserai de rêver
Et de toujours voir en moi
Cet enfant que j'ai
Et que vous avez
Alors comme cet enfant
Profitons de tous ces instants
Pour pouvoir donner de bons souvenir
Et pouvoir voir les sourires
Comme cet enfant
Je ferais toutes ces choses
Qui me plaise.

Prénoms

Si vous êtes devenus parents
Alors vous comprendrez cette responsabilité de grand.
Difficile une fois la grossesse entamée
Et le sexe du bébé déclaré.
De trouver une idée de prénom,
Alors nous nous chamaillons.
C'est une grande responsabilité
Qui nous a été confié,
Pas facile surtout pas d'idées pour les parents
De trouver un prénom pour cet enfant.
Passer des heures à gribouiller
Pour vous trouver le prénom parfait,
Celui qui vous irait à la perfection
Et que vous porterez... Par obligation.
Car oui, vous n'aurez pas décidé
Et nous en sommes désolés.
Une vraie galère
Pour trouver celui qui va vous plaire.
Mais ceux qui vous seront donnés
Et que vous adosserez,
Pour vous appeler chaque jour
Seront donnés avec amour !

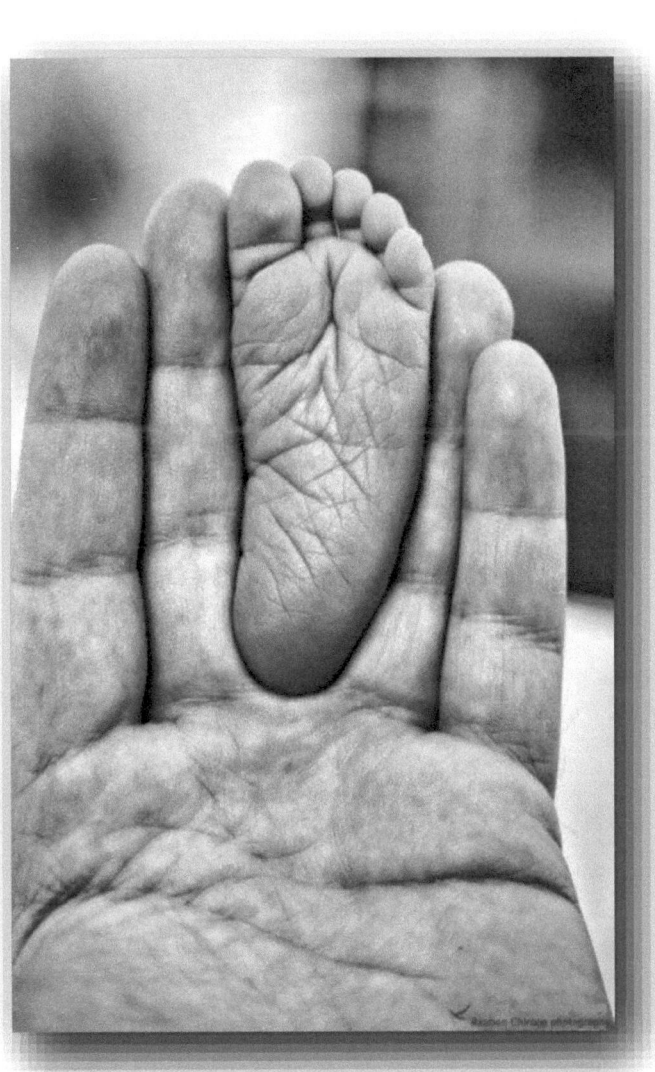

Ne doutez pas

Vous n'êtes pas nées dans un château,
Vous ne portez pas de couronne
Nous n'avons pas une situation forcément aisée
Et, vous ne portez pas de belles robes comme dans les dessins animés.
Vous n'avez peut-être pas toutes ces choses,
Mais ce qui est sûr
C'est que vous êtes aimés.

N'en doutez jamais.

Carrousel

Tourne le manège de l'insouciance
Tourne le manège de l'innocence
Tourne le manège de ton enfance
En-avant tous en selle
Choisis ta place sur ce carrousel
Tu peux être pendant ce tour
Pilote d'avion, de tracteur ou de courses,
Plusieurs possibilités de choix te sont données
Donc choisis celui qui te plairait
Pas assez de place pour tous les enfants
Et c'est chacun son tour,
Puis en attendant on les regarde s'amuser
On les regarde sourire et profiter
En 2-3 tours vous êtes déjà devenu grand.
À moi qu'il me manque ce carrousel d'enfant.

Pardonne-moi

Pardonne-moi car parfois je ne suis pas un bon mari
Pardonne-moi si parfois je ne sais pas m'y faire
Je veux que tu saches que j'essaie de toujours faire au mieux
Ce n'est pas facile tous les jours
Mais ce qui m'aide c'est que nous sommes deux
Je sais que je ne suis pas facile à vivre
Mais bien que tu aies connaissance de mes défauts
Tu as accepté de devenir ma femme
Et à ton grand oui j'ai souri
Je repense bien souvent à cet instant
Ou nous nous sommes jurés amour et fidélité
Je ne veux jamais rompre ce serment
Que devant toi j'ai fait
J'essaie de répondre à tes attentes
Pour que tu puisses toujours avoir ce sentiment
Mais sans faire toutes ces choses
Je sais que tu m'aimes
Et que notre amour est et sera toujours aussi pur
Si à deux on préserve cet amour et cette passion
Alors pardonne-moi si parfois je ne suis pas un bon mari
Mais sache que j'essaie
Pour que toi et moi soyons épanouis
Dans cette étape et pour le reste de notre vie.

Impossible

Impossible pour moi de ne pas penser à demain
J'aimerais que cela s'arrête et ne plus y penser
Mais c'est en vain car
Vous voir grandir
Et quitter cet esprit enfantin
Ça ne me fait pas rire
Je ne suis pas serein
Je suis triste et je devrais être joyeux
Que vous vous épanouissiez en ces lieux
Mais impossible pour moi ne pas avoir peur
De ne pas me faire de scénario
Qui puisse m'effrayer…
Oui j'aimerais bien arrêter
Arrêter de penser
Et profiter de ces moments
De ces instants qui
Me sont données car vous grandissez mes enfants
Et je vieillis moi parent
Impossible pour moi de ne pas m'inquiéter
Impossible pour moi de ne pas lâcher prise
Et pouvoir vivre
Car il est bien difficile depuis votre présence
D'avoir cette confiance
En ce monde qui nous accueille
Mais dans lequel le mal trouve sa place
Impossible pour moi d'arrêter de vous protéger
Alors, mes enfants vous comprendrez
Que ce sont des choix difficiles parfois
Qu'il faille prendre
Afin de vous préserver
Afin que vous grandissiez
Avec cet esprit enfantin
Avec les conseils donnés
Et vous avoir appris le mot aimé.

Tout beau tout rose

Tout n'est pas tout beau tout rose,
La vie n'est pas un conte de fées
Car même s'il y a des méchants et gentils
Toute histoire n'a pas un beau récit
Alors, je vous le dis ;
Pas seulement à vous mes enfants,
Mais aussi à vous qui êtes peut-être
Déjà grands, à vous qui commencez à comprendre
Que oui la vie n'est pas tout beau tout rose,
Mais qu'il y a de ces moments,
Qui nous font vivre cet épanouissement
Que nous voulons tant ;
S'accrocher à ces belles choses qui nous transporte
Et nous métamorphoses !
Car nous avons conscience que la vie n'est pas toujours morose
Et avoir cette option que ces instants,
Puissent-être finalement,
Tout beau tout rose.

Figer

Il y a de ces moments que l'on souhaite figer, que l'on souhaite garder et qu'on souhaite revivre ;

Le souvenir évoque notre immortalité et le temps passé, mais pourquoi vouloir se morfondre pour ces moments qui ne sont pas des moments instantanés,

Pourquoi toujours vouloir avoir de la joie en visionnant ces images du passé alors que d'autres fabuleux moment sont prêt à arriver ?

Nous sommes humains et nous avançons sans connaître le lendemain, sans avoir de contrôle sur notre destin

Alors il faut juste se lever chaque matin, vivre comme si c'était le dernier et avoir l'esprit serein car lorsque la noirceur de nos pensées vient frôler la beauté de ces souvenirs alors nous commençons à dépérir

Alors, oui si parfois tu n'es pas à l'aise avec ce que tu vis, repense à ces souvenirs, à ces instants gravés, à ces moments que tu as passés

Qui te semble figé et que tu aimerais tant rejouer.

Au fil des saisons

Il y a ces 4 saisons, que tout le mondes connait
Il y a ces 4 saisons avec leurs temps qui sont donnés
Il y a dans l'été un moment de beauté
Qui réchauffe nos cœurs
Et parfois laisse de côté la noirceur

Il y a aussi l'automne
Aux allures monotones,
Avec le feuillage qui caresse le sol,
Et le vent qui souffle de manière folle

Le contraire de l'été c'est l'hiver
C'est le temps dans lequel je me perds,
Ou le soleil laisse vite place à Lune,
Et ou les cheminés fument,

Après ce temps paraissant déprimant,
Nous rencontrons le printemps,
Celui qui redonne vie
Et qui redonne ces sensations qui font envies.

Je veux être comme c'est 4 saisons,
Qui séparés ont leur propre tempérament,
Mais qui réunit chante à l'unissons
Et redonne l'envie aux enfants et parents

Si je devais choisir, je voudrais être
L'été pour sentir la chaleur me frôlais
Mais aussi l'automne pour voir la nature dénudée,
Puis l'hiver pour ces instants magique qu'elle puisse procurer
Et enfin le printemps, pour revoir la nature se rhabiller.

A travers ces mots,
Je veux vous dire mes enfants
Que comme les 4 saisons,
Je serais toujours présent.
Je vous réchaufferais le cœur
Comme l'été réchauffe nos corps,
Je vous ferais envoler pour vous faire sentir léger
Comme l'automne emmènes les feuilles des arbres voyages

Je m'amuserai avec vous en profitant de ces moments magiques
Lorsque l'hiver arrive avec sa poudre magique
Et aussi, vous voir fleurir et grandir
Comme la jolie fleur qui grandis au temps du printemps.

Je suis comme ces 4 saisons,
J'ai aussi mon tempérament,
Mais toujours présent pour qu'ensemble à l'unissons
Vivions ces moments et ces instants.

Merci

Je tenais à remercier ces personnes
Qui on sut m'orienter,
Me diriger et me supporter
Mais aussi, celles qui ont m'ont encouragé
Et qui ont montré de la bienveillance,
Je tenais à remercier ces personnes
Qui m'ont fait évoluer
Qui m'ont fait grandir
Et qui m'ont aidé
A certaines périodes
Oui je n'étais guère de bonne compagnie
Donc merci à toutes ces personnes qui ont su m'encourager
Et mon montrer les vraies valeurs de la vie
Qui m'ont fait sourire
Et qui le font encore à ce jour
Merci à vous !
Merci à vous mes parents,
Merci à vous mon frère et mes sœurs,
Merci à vous mes amis,
Merci à vous mes enfants
Merci à toi ma chérie !

Courbes parfaites

Je n'ai pas besoins de te voir pour te décrire,
Et lorsque je ferme les yeux,
J'entends ce son merveilleux
Que produit ton rire

Pas besoins de t'avoir devant moi,
Pour me rappeler à quel point
Tu es cette personne en qui j'ai foi,
Et notre amour en est témoin.

Je connais par cœur les formes de ton corps
Je connais l'amour que contient ton cœur,
Et lorsque à tes côtés je m'endors
J'entends ce son qui m'emporte ailleurs,

Tu as un visage qui n'est peut-être pas celui qui te plait,
Tu as un corps qui n'est peut-être pas celui que tu veux,
Mais-moi ton visage je le trouve parfait,
Et de ton corps je suis amoureux

Lorsque je ferme les yeux,
Je revois ces courbes parfaites,
Et repenses à la magnifique couleur de tes yeux
Et tous ces éléments qui me font perdre la tête.

Et assure-toi que si je savais dessiner
Crois-moi, que j'aurais déjà usé mes crayons,
Sur plusieurs carnets,
Pour dessiner te dessiner à la perfection ;

Pour rendre hommage à ta beauté,
Pour me rappeler tes courbes parfaites,

Que tu sais si bien porté,
Et qui me font perdre la tête.

Belle romance

Par d'histoire à la Roméo et Juliette,
Pas de baiser sur le balcon,
Pas forcément de belle déclaration.
Mais je suis un de ces gars de mon temps,
Qui profites de ces instants,
Et qui me faisait redoutait de ce moment,
Ou j'allais rencontrais celle que j'aimerais
Alors lorsque nous deux ça à commençais,
Je n'étais pas sûr d'y arriver
Car ça paraissait compliqué ;
Mais comme cupidon m'a frappé,
J'ai été aveuglé
De cette amour et de cet instant de beauté ;
Ô oui l'amour rend aveugle,
Et à ce moment je me sentais bien seul,
Mais tu es arrivé et m'a calmé comme une feuille de tilleul.
Notre amour battait son plein,
Et je me sentais serein,
Lorsqu'avec toi j'étais, je ne pensais à rien.
Ce qui étais difficile au début,
Fut la distance qui nous empêchait d'atteindre ce but,
Et nous frappait parfois comme un uppercut
J'aimais ces matins, ou je me réveillais à tes côtés,
Ou je pouvais enfin te sentir respirer
Et ces moments où je recevais tes baisers
Et, un jour nous emménagions à deux
Avons réalisé ce vœu,
Dans lequel je nous vois déjà vieux ;
Il y a eu aussi dans ces moments,
Des instants de colère et de relâchement,
Ou évoquions parfois nos sentiments
Mais toujours à tés cotés
Je continue de grimper d'avancer, d'escalader

Ces obstacles qui peuvent empêcher d'avancer
Pour rien au monde je veux échanger ma place,
Et pour rien au monde je veux changer ce qui se passe,
Je vous ai prévenu ce n'est pas une belle romance,
Comme on le pense,
Dans lequel l'amour danse,
Mais c'est le récit de notre amour,
C'est ma vision de notre parcours,
Dans lequel je cours,
Toujours pour te rattraper
Lorsque tu es fâché
Car tu es ma reine et je veux continuer à être à tes côtés.
Je ne sais pas ce que demain nous réserve,
Mais je sais que toi et moi on se préserve,
Et que cet amour on le conserve,
Je veille à ne jamais fermer les yeux,
Pour ne pas éteindre ce feu,
Et répandre notre amour jusque dans les cieux.
Tu es devenu ma femme et j'en ai conscience,
Mais pardonne mon insouciance,
Qui veux te voir toujours comme je te voyais à l'adolescence ;
Ce qui me plait chez toi c'est avant tout ta gentillesse,
Qui a vue en moi une âme en détresse,
Avec beaucoup de stress,
Alors oui je ne sais comment te remercier,
De m'avoir envouté par ta beauté
Et de m'avoir fait découvrir le mot aimer
Sans toi aujourd'hui ma vie n'aurait aucun sens,
C'est avec toi et ton corps que mon amour danse,
Et c'est avec toi qu'à demain je pense.
Tu as charmé mon âme,
Et au-delà d'être devenu ma femme,
Et d'être pour ces personne une Madame,

Tu es devenu la mère de nos enfants,
Tu es devenu cette personne au cœur triomphant,
Qui va me permettre de voir grandir nos enfants.
Pour rien au monde je veux changer ma place,
Si je pars c'est avec vous que je me casse,
Lorsque tout se fracasse.
Pour vous ce n'est peut-être pas une belle romance,
Mais pour moi notre amour danse
Et toujours dans la bienveillance.

L'amour c'est quoi

L'amour c'est quoi
C'est deux être inconnus comme toi et moi
Avec qui nous voulons avoir une relation
Et vivre cette passion
Ce sont deux âmes amoureuses,
Qui découvre cette sensation si savoureuse
Comme on pourrais gouter à cette chose délicieuse
Que l'on mange pour la première fois.

Dans la nuit

Je ne sais pas pourquoi
Mais lorsqu'arrive le soir,
Une fois allongé dans le lit,
Je me pose toutes ces questions,
Ce qui m'amène à l'insomnie.
Je me demande souvent les mêmes choses,
J'ai des pensées qui me hante.
Je voudrais bien m'en défaire,
Mais c'est compliqué,
De ne pas cogité à toutes ces choses,
Qui nous fracasse,
Et qui démoralisent ;
Je sais bien que parfois
Ce sont des pensées bêtes
Je me demande si je suis un père,
Si je suis un bon Mari,
Comment seront mes enfants,
Suis-je assez compétant ?
Toutes ces choses depuis que je suis père,
M'embêtent et j'n'ose en Parler
Car je ne veux pas déplaire.

Hymne à l'amour

Je ne savais pas ce qu'étais ce sentiment,
Que ressentaient ces gens,
Je me demandais à quoi cela pouvait bien ressembler,
De pouvoir aimer et de se sentir aimer
Dans ce sentiment je vois de la beauté
Mais aussi de la sincérité
Peut-être pas pour toute la vie
Mais ces moments, c'est de la magie.
Je voyais le monde s'émerveille,
Lorsque deux être s'embrassaient
Jusqu'au jour ou à mon tour,
J'allais gouter à cette amour ;
Cupidon, ou le coup de foudre m'avait frappé,
Cela m'avait sonné,
Mais je me souviens de ce moment,
Ou j'ai compris ce sentiment
Nous deux ça paraissait impossible,
Mais l'amour nous avais pris pour cible,
Alors nous avons essayé,
Et pour l'instant ça a marché
Je ne veux pas que ces instants s'arrêtes,
Sinon c'est sur ça me prendrais la tête
Je pensais qu'il y 'avais une manière de s'aimer ;
Une méthode à appliquer,
Mais rien n'est à suivre à la lettre,
Sinon on s'aime à perte
Finalement, c'est notre manière
Qui fait que notre amour soir sincère.

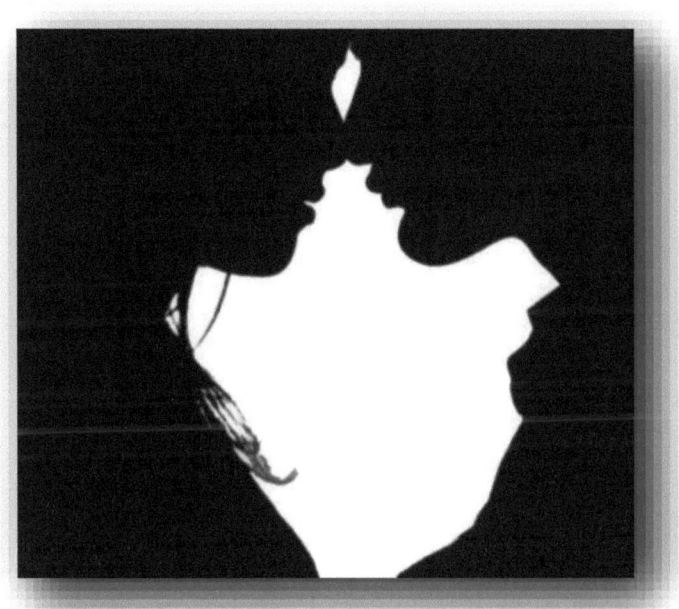

Moi

Moi, je ne me vois pas comme tu me vois,
Je vois en me regardant,
Un simple mec vivant,
Et toi tu vois un garçon élégant,
Tu me dis que j'ai des qualités,
Et moi, je pense être sous-qualifié,
Parfois, j'ai l'impression
Que je ne te mérite pas,
Et toi tu te dis que tu es bien avec moi
Que tu aimes la chaleur des me bras,
Et que tu aimes sentir mes doigts,
Glisser sur ton corps
Et te tenir la main quand on dort

Famille

La famille est un bien grand mot,
Et, il peut être imagé,
Il peut évoquer une grande et forte racine,
Qu'on ne peut enlever,
Il peut représenter une grande et large épaule,
Sur laquelle on peut se reposer,
La famille représente aussi
Cette personne avec qui on ris,
Avec qui on peux longtemps discuter,
Avec elle on peut tout surmonter
Et elle sait me rassurer,
Avec cette personne on peut rire ou pleurer,
Et nous n'avons pas besoins de nous cacher,
La famille représente avant tout à mes yeux,
Ces personnes unis qui rendent heureux,
C'est une partie de notre vie,
Même si tu n'es que mon ami,
La famille permet d'avancer
Car elle a des âmes sur qui ont peux compter.
La famille est le plus beau trésor
Alors il faut en profiter
La famille nous voit aussi grandir
Et c'est elle qui nous fait murir
Et grandir en maturité
Et nous oublions parfois de la remercier
Alors merci ma famille.

Heureuse rencontre

Il y'avait ton chemin,
Et il y'avait le miens,

Il jour ils se sont croisés,
Et au début, je n'ai pas vu ta beauté,

Nous avons continué d'avancer,
Sans connaître notre destinée,

Sans savoir ce qu'un jour nous serions pacsés
Puis parents d'une jolie poupée,

Puis qu'on se serait marié
Et qu'on aurait encore un petit bébé

Sur le chemin, il y a eu des hauts et des bas,
Mais je sais que ce ne seras jamais sans toi,

Je veux encore être à tes côtés,
Et de voir ensemble les étoiles brillées,

Je suis fière de t'avoir épousé
Et heureux de t'avoir rencontré.

Avant tout

Bien que nous soyons devenus parents
N'oublions pas qu'avant tout
Nous sommes aussi ces 2 âmes amoureuses
2 âmes qui profitent de cet amour
2 âmes qui doivent profiter
D'avoir des moments tendres et de complicité
Je veux passer du temps avec toi
Pour ne jamais oublier
Que nous ne sommes pas uniquement des parents
Mais des enfants qui avons besoins de ces instants
Ne jamais oublier
Que l'amour que je te t'envoie
Et que je reçois
Est celui qui grandit chaque jour
Car l'amour qui nous entoure
Ne cesse de grandir
Et que cette flamme de désir
Et tout aussi brûlante que la première fois
Nous sommes peut-être devenus parents
Mais n'oublions pas
Qu'avant tout nous pouvons être ces adolescents
Avec plus de maturité
Mais avec cette amour
Qu'on ne cessera de porter
Car toi et moi,
Sommes 2 âmes amoureuses

Vivant

Grâce à toi
J'ai ce sentiment
De me sentir vivant
Grâce à toi
J'ai senti mon cœur battre
Pour la première fois
Pas une parole
Pas un échange
Et j'ai su que c'était toi
Celle que mon cœur a choisit
Celle que mon âme voulait aimer
Celle avec qui je voulais vivre ma vie
Et parfois ce sentiment m'étrangle
Car l'amour est un petit mot
Mais qui représente tant pour nous
Et le jour de notre mariage
A ton oui mon cœur battait si fort
Et que grâce à toi
Je me sens vivant

Rien au monde

Pour rien au monde
Je souhaite échanger ce qui m'a été donné
Je veux comme à nos débuts
Passer des nuits folles à tes côtés
Se raconter nos journées s'engueuler puis rire ou pleurer
Pour rien au monde j'échangerai ma place
Car être avec toi c'est ce qui me plait tant
Je veux encore passer tant de soirées dans tes bras
Même si on ne se parle pas car te regarder me suffit amplement
J'ai de la chance de passer ses nuits à tes côtés
Je me sens heureux
Aimer
Chérie
Depuis que tu es dans ma vie

Serrer ta main

Je suis souvent très inquiet
De ne pas savoir ce qu'il se passera
De ne pas pouvoir gérer
Et de faire face
A ce qui nous arrivera
Mais je retrouve du réconfort
Lorsque je serre ta main
Ce qui m'arrive aussi lorsque je dors
Ce m'aide à être plus serein
Je ne veux pas la lâcher
Et de continuer d'être avec toi
Sur ce chemin
Et de toujours la tenir
Quand tu n'es pas bien
Et même si tu commences à courir
Je rattraperai toujours ta main
Car elle m'apporte du réconfort
Ô c'est sûr que quand je la tiens
C'est un moment que j'adore.

Toutes ces questions

Vous ne pouvez pas vous imaginez
Toutes ces questions qui trottent
Dans ma tête et qui se répètent
Je sais que je ne saurais jamais
Mais je voudrais déjà
Tout savoir
Je ne sais pas faire le juste milieu
Et toutes ces questions qui trottent dans ma tête
Qui se répètent sans cesse
Sont sans réponses et cela m'embête
J'ai toujours cette envie
De vouloir tout découvrir
De vouloir tout gérer
De qui peut parfois
M'empêcher de profiter
Je me pose des questions
Sur le rôle de père que j'ai
Mais aussi sur mon rôle de mari
Et surtout sur ma vie
Pensées et questions sans regret
Mais juste que je voudrais arrêter
De toujours cogiter
Car oui je ne le montre pas
Mais je suis un grand stressé
Car toutes ces questions dans ma tête
Quand elles sont sans réponses
M'embêtent.

Dites-moi

Dites-moi mes enfants
Comment faites-vous ?
Pour toujours avoir ce regard innocent
De toujours vouloir jouer
Avec tout et rien
Sans vous miner
Sans être stressé
Comment faites-vous
Pour toujours voir de la beauté
Et de la magie partout
Je vous envie tant
D'avoir ce pouvoir
Que j'aimerais tant avoir
Voilà encore une de ces questions
Que je me pose
Je voudrais tant avoir votre regard
Pour y prendre part
A ces instants de beauté et de magie
Qui vous donne envie
De vous amuser chaque jour
Et de répandre l'amour

Insomnie

Il y a parfois ces pensées
Qui surviennent dans ce lit
Celles qui fatiguent
Et ne reposent jamais
En hantant mon esprit
Impossible de dormir
Avec toutes ces questions
Avec ces moments de la journée
Que l'on revoit passer
Ces pensées et ces souvenirs
Qui évoquent ces questionnements
Me provoque cette insomnie
Ou j'ai du mal à dormir

Souvenir d'été

Sur la plage
Les pieds dans le sable chaud
Avec l'air frais venant nous caresser
Entendre claquer les vagues sur les rochers
Entendre les mouettes
Qui survolaient ce jolie
Tableau salé
Nous nous sommes installés
Pour passer une de ces merveilleuses journées
On avait tout préparé avec délicatesse
Pour éviter d'oublier
Nous avions pris soins de prendre tes jouets
Ballons sceau pelle et râteaux
Et vous apprendre comment faire
Ces magnifiques châteaux
Sur ce joli sable chaud
Je savais que ce moment allait se terminer
Mais je voulais qu'il soit magique
Je voulais que ce soit parfait
C'était ta première fois
Tes premiers pas dans ce si bel or
Et ce qui me plaisait
Ce n'était pas la mer
Mais vos visages qui souriaient
Et qui habillaient ce décor
C'est ce qu'il manquait à ce tableau
Pour le rendre plus beaux
Sur la plage
Les pieds dans le sable refroidit
Car le soleil allait se cacher
Derrières ces magnifiques vagues
Et on pouvait voir le reflet
De son amie la lune
Le décor du jour avait laissé place

A celui du soir
Quel instant de beauté
Sur la plage
Les pieds sur le sable
Et sentir le vent caressé notre visage
Et se balader au bord de l'eau
Et sentir les vagues
Ramenaient cette peinture
Bleue mouvante
Embrasser nos pieds
Les pieds sur le sable
Il fallait s'éloigner
De ces jolies vagues
Et de ce sable
Qui nous avait tant amusé
Car il se faisait tard
Je me souviens encore de cette journée
Qui m'avait tant plus
C'est un beau souvenir d'été
Dans lequel j'entends encore chanter
Les vagues les mouettes
Et ou je sens encore le sable
Me chatouiller les pieds.

Poévie

Il faut vous dire
Que j'aime et j'admire la poésie
Elle m'entraine comme une musique
Qui entraine le corps
Je vois en la poésie
Plusieurs choses que je ne peux décrire
C'est un art noble
Qui peut être modeler
Et sous différentes formes
Je vois en la poésie
Une sorte de vertu
Qui me permet de le libérer
De m'échapper
Il y a la poésie de l'amour
La poésie du passé
La poésie en pros
La poésie en alexandrin
La drôle de poésie
La poésie du fruit défendu
La poésie de la nostalgie
La poésie de la joie
La poésie confidence
Moi je vois en la poésie
Ces manières décrire
Et d'embellir mes idées
D'habiller les mots
Avec ces belles images
La poésie me permet de dire
Tout ce qui va et ne vas pas
Un art qui permet de dire
Tout ce qui se passe dans nos têtes
Et toutes ces choses qu'on voudrait dire
Mais qu'on préfère écrire
La poésie anime ma vie

Car je vois de la poésie dans ma vie
Et si la vie et poésie sont assemblés
Ils font de ma vie et de poésie
Une Poévie.

Dimanche

J'aimais bien ces dimanches
Ou j'étais encore petit
Ce jour ou mes grands-parents venaient
Pour manger avec nous le midi

C'était un de ces moment magiques
Avec nos grands parents
Cela rend nostalgique
Mais c'était d'agréables moments

Je n'avais pas compris l'importance
De ces instants
Car on voulait s'amuser
Que de rester à table à discuter

J'aimerais revivre un de ces midi
Entendre vos voix et vos rire
Et pouvoir encore vous appeler
Pépé et Mémé

Et vous dire à quel point je vous aimais
Et que je suis désolé de ne pas avoir profité
Mais à ce jour en ayant grandit
Et ayant des enfants
Je comprends le rôle de Grands parents

Je ne vous le dis jamais
Mais je pense à vous souvent
Je repense à ces dimanches
Qui me plaisait pour de vrai

Alors vous qui lisez ceci

S'il vous est encore possible
Je vous invite à ce que chaque jour
Soir pour vous votre dimanche

Pour profiter de vos proches
Car une fois grand
Nous réalisons la chance
D'avoir eu des grands parents

Nostalgie

Il y a dans ces souvenirs nostalgiques
Cette chose qui semble magique
Cette chose qui provoque des sensations
Et cela nous procure des émotions

Il y a souvent tristesse et beauté
Dans les souvenirs du passé
Mais aussi de la mélancolie
Dans ces jours jolis

Hier nous étions encore petit
Mais nous avons grandis
C'est un parcours qui m'effraie
Mais auquel je repenserai

Ainsi va la vie avec sa magie
Ainsi va la vie avec sa nostalgie
Ainsi va la vie avec ses émotions
Ainsi va la vie sans restriction

Parler à vous-même

Si vous deviez parler à vous-même
Que diriez-vous
Et à qui le diriez-vous
À vous enfant
À vous adolescent
L'écouteriez-vous et le consoleriez-vous
Vous parleriez de votre avenir
Même si vous savez que ce serait pire
Ou tout simplement
Auriez-vous peur de lui parler
Car vous pensez avoir rater
Je vous avoue que
Je me suis aussi posé la question
Que dirais-je à mon moi du passé
Si je devais lui parler
Aurais-je le courage de lui dire
Tout ce que je sais
Ou préfèrerais-je le préserver
Si l'on avait l'occasion de parler
À soi même
Quelles sont les choses qu'ont diraient
Et avertit serions-nous pareilles

La plume, l'encre et le papier

Ce sont 3 objets distincts
L'un permet d'écrire
L'autre de recharger
Et le dernier à noter
La Plume est si belle
Que lorsque je la manipule
C'est elle qui prend possession
De ma main
Elle m'entraine et je deviens son jouet
Le temps de noter toutes mes idées
L'encre peut-être de différentes couleurs
Mais elle permet de rendre
Visible l'invisible
Et d'illustrer les mots
Qui vacillent dans ma tête
Pas un jour de repos
Obligé pour moi

De rendre visibles
Ces mots invisibles
Lisibles et visibles
De montrer leur beauté
Au monde entier
Car je les pose sur le bout de papier
Et quant à lui
Je prends toujours soin
D'en avoir à porter de main
Car ce joli support me permet
De noter et de ne pas oublier
Toutes ces idées dans ma tête
La Plume l'Encre et le Papier
Sont 3 amis qui vont si bien ensemble

Le temps

Le temps cours
Le temps file
Le temps passe
Le temps est partout
Le temps me rattrape
Même si je temporise
Le temps me méprise
Le temps me nargue
Avec son Tic et son Tac
Le temps est précieux
Mais il est prétentieux
Car il ne manque pas de temps
Mais il est toujours à temps
Jamais ou parfois en retard
Jamais ou parfois en avance
Le temps est si banal
Et il nous rend mal
Le temps rend aigri
Et parfois il assagi
Le temps cours
Le temps file
Le temps passe
À peine rattraper
Qu'il m'échappe.

Histoire de mots et de maux

Il y a ces mots qui dansent
Il y a ces pensées qui me hantent
Cela me cause tous ces maux
Que je décris avec des mots

Il y a ces mots dit
Que parfois je maudis
Il y a ces maux douloureux
Et ces mots chaleureux

Je m'amuse avec les mots
En faisant des jeux de mots
Qui me cause des maux
À cause de tous ces mots

J'écris donc ces mots
Qui m'éloigne ces maux
Dont je souffre tant
Et qui reviennent en courant

Tous ces maux
Je les maudits
Car avec ces mots dits
J'ai encore ces maux

C'est une histoire de mots
Qui parle de maux
Qui ne se terminent jamais
Qui ne veulent pas me foutre la paix

Voilà tous ces maux
Voilà tous ces mots
Qui font mal à la tête
Qui dansent dans ma tête

Tous ces mots font la fête
Lorsque tous ces maux disparaissent
Mais quand ces maux reviennent
Je n'ai plus les mots

C'est juste une histoire de mot
Qui enlèvent et me donnent ces maux
Dont je souffre tant
À longueur de journée.

Mon cerveaux est essoufflé
Par toutes ces pensées
Et par tous ces mots
Qui me donne ces maux.

Serment

Je t'ai juré de t'aimer
Dans la sincérité
Je t'ai juré
Ma fidélité
D'être présent dans les épreuves
Et dans les maladies
Et d'être ton mari
Ce serment si dur à respecter
Qu'à certains moments il m'effraie
Mais il y a une chose dont je suis sur
C'est que mon amour pour toi est pure
Je t'en fais le serment
Je te le jure
Que je te serais fidèle
Que je serai sincère
Que je serais présent
Dans tous ces moments
Et que j'essaierai d'être ce mari
Que je t'ai promis.

La vie en tableaux

Je vois
Je vois en la vie
Toutes ces choses merveilleuses
Qui plaisent à certains temps
Mais pas tout le temps
La vie est une jolie peinture
Aux multi couleurs
Et multiples visages
Qui donnent envie
De profiter de ces images
Oui j'ai envie que tous ces moments
Soient mis en peinture
Sur un tableau
Pour évoquer la beauté de la nature
Cette beauté qui permet tant
De s'évader et de profiter
Il y a de ces jolies peintures
Qui donnent envie de rester
Et si le tableau n'est pas tout beau
Alors, fabriquons celui qui plairait
En s'inspirant de ces moments
C'est ce que je fais lorsque j'écris
Car à défaut de savoir dessiner
Je sais illustrer avec des mots
Mes idées
Je veux en écrivant
Garder un souvenir de ces moments
Que je relirais
Et que je vous fais partager
Ces mots sont des souvenirs
Me font sourires
Ces mots sont des tableaux
Que j'ai en mémoire
Et que j'illustre avec cette encre

Ces mots représentent ces moments
Que j'ai pu vivre
Et que j'ai voulu
Mettre sur cette jolie page blanche
Cette page C'est mon tableau
Ce livre est ma galerie
Dans lequel je me confie
Et dans lequel je me recueil
Ces tableaux
Me font sourire
Ce sont des tableaux
Ce sont des peintures
Qui me procure du plaisir

Non-dits

Il y a ces non-dits
Ces mots ou ces choses
Que l'on croit interdit
Il y a ces non-dits
Ces mots qu'on censure
Mais ces non-dits
Parfois je veux vous les dires
Vous les crier
Vous les chanter
Vous les faire raisonner
Pour que ces non-dits
Ne soient plus secret.

Rêve d'enfant

Petit comme tout le monde
Je rêvais
De ces choses qui paraissent impossibles
Et des ces chose que l'on veut vivre
Oui, je me souviens petit je rêvais
Je rêvais de pouvoir voler
Comme mon héros Peter Pan
Oui combien de fois j'ai essayé
Sans jamais abandonner
J'en ai même gardé la trace
De ces essais qui n'ont rien donné
Petit je rêvais que je courais
Plus vite que les grands coureurs
Que j'atteignais la vitesse lumière
Et que personne ne pouvait me rattraper
Et bien souvent je finissais
En étant essoufflé
Petit je rêvais aussi
De devenir invisible
Pour faires toutes ces bêtises
En étant discret
Et sans jamais me faire disputer
Finalement, je n'étais pas discret
Et me faisais toujours repérer
Petit je rêvais d'avoir la fève
En ce jour de fête
Que l'on faisait en famille
Mais le problème
C'est que je n'aimais pas le gâteau
Et demander à mon père
De manger à ma place
Et lui en voulait car il n'avait pas
Ce trésor qu'enfant
Nous voulons tous avoir

Petit je voulais être comédien
Car j'aimais bien faire le pitre
Et cela ne me dérangeais pas
De me ridiculiser en public
D'ailleurs je le fais toujours
Et aux critiques je deviens sourd
Mais petit le rêve que j'avais
C'est celui que je veux à tout prix réaliser
C'est celui de pouvoir écrire
De pouvoir dire
Et de pouvoir remercier
L'alphabet qui m'a rendu amoureux
De tous ces mots
Et de la façon dont on peut placer
Chaque lettre
Petit je voulais être écrivain
Sans en comprendre le sens
Aujourd'hui je veux être auteur
Et exprimer mon amour
Des mots, des phrases
Et je veux leur redonner un sens
Les faire revivre
Pouvoir vous faire vibrer
Avec tous ces mots
Et vous montrer
Leur magie et le bien
Qu'ils peuvent procurer
Il y a des rêves que je n'atteindrai jamais
Mais ce dernier
C'est celui dans lequel je veux exceller
Dans lequel je veux pouvoir être publié
Quoiqu'il arrive
J'aurai toujours cette ambition
De vouloir accomplir ce rêve
Et ce que je fais
En écrivant tous ces textes,

Tous ces livres
Car petit je voulais devenir écrivain
Aujourd'hui je m'en donne les moyens
Je n'écris pas pour être connu
J'écirs juste car cela me fait du bien
Me permet d'être serein
Et parce que je sais
Que j'ai un entourage
Qui me donne ce courage
De vouloir me donner les moyens
De vous faire plaisir
En faisant ce qui me rend heureux
Et qui permet de me revoir enfant
Avec ce rêve de grand.

© 2023 Jean-Baptiste Gellé
Édition : BoD – Books on Demand, info@bod.fr
Impression : BoD – Books on Demand, In de
Tarpen 42, Norderstedt (Allemagne)
Impression à la demande
ISBN : 978-2-3224-5658-1
Dépôt légal : fevrier 2023